Cómo
superar cada obstáculo
. . . y llegar a la cima

por Patrice Lee

© 2011

Título del original: How to Overcome Every Obstacle and Land on Top

Publicado por Leep4Joy Books, una división de Feinstein Development & Associates
Impreso en Los Estados Unidos de América

Todos los derechos reservados. Ninguna parte de esta publicación podrá ser reproducida, procesada en algún sistema que la pueda reproducir o transmitida en alguna forma o por algún medio, electrónico, mecánico, fotocopia, grabación u otro, sin el permiso escrito previo de los editores. La única excepción son breves citas en reseñas por escrito.

Library of Congress Catalog-in-Publication Data

Copyright Registration: #
ISBN -13: 978-0983720775

Primera edición en español: Agosto 2013

Traducido por:Natividad Morillo y Ebony A. McDonald

Ilustración de la cubierta: Bob Ivory, Jr., Ivory Coast Media

Diseño Interior del Contenido: Patrice Lee

Envíe toda correspondencia a: Feinstein Development and Associates, P.O. Box 48172, Oak Park, MI 48237

Cómo superar cada obstáculo

Contenido:

"Está en la actitud"	9
"Lo que quiero decir es..."	12
Recuperándote de todo lo negativo...en tu vida	13
La recuperación requiere un cambio de mentalidad	19
Ocho pasos a seguir:	21
1. Echa fuera cada pensamiento negativo	21
2. Suelta el veneno	27
3. Toma un momento para reflexionar	31
4. Busca y encuentra la paz interior	33
5. Simplifica tu vida	35
6. Escucha la música	39
7. Rodéate con personas adecuadas...	41
8. Haz pequeños ajustes a diario	43
"¿Cómo llegar a la cima?"	47
"Siempre se trata de la actitud"	49
¡Tú también puedes superar!	51
Ellos superaron grandes obstáculos	61
"Que tal si . . ."	89
La provisión más grande	91
Paz interior: no hay nada como la paz interior	94
Escrituras para aumentar la fe...	96

. . . y llegar a la cima

Cómo superar cada obstáculo

Prefacio

A pesar de que estamos viviendo en uno de los grandes períodos de la historia, también estamos soportando algunas de las condiciones económicas más duras. Este libro fue escrito para aquellos que deciden vivir por encima de las circunstancias, independientemente de cómo las cosas pueden parecer al ojo natural.

Puedes hacer frente a algunos de los momentos más difíciles de tu vida, pero ¿sabías que puedes obtenerlo tan solo si pones tu mente en ello? Quiero asegurarte que **tú puedes** y **lo lograrás**.

Tengo el placer de compartir contigo algunas técnicas que te rendirán resultados positivos. Si estás dispuesto a hacer unos pocos ajustes a tu rutina diaria, **podrás superar** cada problema.

Vamos a tomar un viaje a través de las próximas páginas y encontrar la forma de cómo hacerlo.

. . . y llegar a la cima

Cómo superar cada obstáculo

"Está en la Actitud"

*Una persona con determinación, puede cambiar el entorno que le rodea. Pero a fin de cambiar las condiciones del mundo, **nosotros** colectivamente debemos cambiar nuestros corazones, nuestro modo de pensar y nuestra actitud. Cuando **nosotros** cambiamos juntos, nosotros podemos cambiar el mundo.*

. . . y llegar a la cima

Cómo superar cada obstáculo

Lo que quiero decir es. . . .

Vamos a definir algunas palabras claves que son usadas en este libro, así nuestro conocimiento será el mismo.

"Desorden" - cosas o personas que ocupan espacio o tiempo en tu vida que no tienen propósito; cosa o persona que no agrega nada de valor a tu vida.

"Negativo" - implica lo negativo; palabras, acciones o personas que se convierten en un obstáculo; una obstrucción a algo bueno.

"Obstáculo" - algo que afecta tu vida en una forma negativa; alguien o algo que impide progreso; una fuerza negativa en tu vida; cualquier cosa negativa; una fuerte oposición a un resultado positivo. Adversidad, problemas, circunstancia, o una preocupación.

"Superar"- ir por encima del problema o la situación.

"Tóxico" - dañino; enfermizo.

. . . y llegar a la cima

"Recuperándote de todo lo negativo. . . en tu vida"

Todo el mundo tiene que hacer frente a la adversidad en algún momento de su vida. Incluso, las buenas personas experimentan momentos difíciles. Algunos individuos se enfrentan a obstáculos o encuentros negativos con más frecuencia que otros.

¿Cómo manejas la adversidad? La forma en que elegimos manejar la agresión en la escuela, pérdida del empleo, dificultades financieras, problemas matrimoniales, enfermedades graves, relaciones rotas o la pérdida de un ser querido afecta no solo a nosotros mismo sino también aquellas personas que nos rodean tanto positiva como negativamente.

¿Cómo manejas los asuntos financieros cuando los ingresos son pocos y has agotado el presupuesto antes de pagar todas las facturas?

Cómo superar cada obstáculo

¿Puedes recuperarte después de una ruptura en la relación con la determinación de reparar, perdonar, y mejorar la mala comunicación en el futuro? ¿Cómo manejas el estrés en el trabajo?

¿Puedes volver a la escuela con la cabeza bien en alto después de ser insultado o molestado el día anterior?

¿Cómo responderías si descubres que has quemado el plato principal a sólo unos minutos antes de que lleguen los invitados a la cena?

Pregúntate a ti mismo: ¿Permito que un problema del pasado afecte mis acciones de hoy? ¿Soy capaz de "dejar ir, perdonar y liberar" a diario sin las consecuencias de la ira, la desesperación o el dolor innecesario?

A veces un comentario o una circunstancia negativa puede tener el mismo efecto dañino sobre las emociones de una persona como la de un golpe fuerte y deliberado de un contrincante en un juego de fútbol americano.

¿Sabías que concentrarte en un pensamiento o comentario negativo puede hacerte perder el rumbo de un día entero, y más, si no rechazas y reemplazas cada encuentro negativo por algo positivo?

La persona promedio tiene que escuchar hasta cuatro (4) declaraciones positivas para borrar el efecto de una (1) declaración negativa.

Es por eso que es importante superar el impacto de cada palabra, conversación o circunstancia negativa lo más pronto posible con el fin de experimentar y disfrutar al máximo los beneficios de una vida equilibrada y fructífera.

Además, la recuperación de lo negativo ya sea un comentario o pensamiento es importante porque el impacto puede:

Cómo superar cada obstáculo

1. Tener un efecto inmediato en tus sentimientos y emociones.

2. Afectar tu comportamiento con los demás.

3. Reducir el tiempo de tu respuesta.

4. Darte una visión distorsionada del mundo y de ti mismo.

5. Afectarte física y / o mentalmente aun mucho tiempo después.

La eliminación de las influencias negativas traerá cambios positivos en tu vida. Cualquier cosa en tu vida que no es una fuerza positiva es considerada como una fuerza negativa. Para que tu vida fluya de la manera más positiva, tú tendrás que quitar todas las influencias negativas.

Cualquier cosa que no está ayudándote, fortaleciéndote, agudizando tus dones o mejorando tu vida para ser más productiva tiene que ser eliminada.

Una vez que hayas eliminado las influencias negativas, serás capaz de cambiar el rumbo de tus pensamientos y cómo has estado actuando, y en última instancia, la dirección de tu vida. Lo que permanece constante para todos nosotros es que tenemos una elección. Podemos controlar cómo y lo que pensamos.

"Como un hombre piensa en su corazón, tal es él." En otras palabras, en lo que mucho piensas es lo que vas hacer y obtener.

Cómo va a pasar el día depende de ti, sea feliz o triste, en la victoria o la derrota, en la guerra o en la paz.

Cómo superar cada obstáculo

"Perdona. ¡Suéltа! ¡Déjalo ir!"

Perdona. ¡Suéltа! ¡Déjalo ir!
¿A quién le importa cuánto tiempo ha pasado?
Es hora de crecer. Tu dolor y la vergüenza se interponen en el camino de cada nuevo día.

Perdona. ¡Suéltа! ¡Déjalo ir!
La oportunidad está aquí si abrimos la puerta,
Con una actitud positiva y una mente decidida,
para ayudarte a soportar la prueba del tiempo.

Perdona. ¡Suéltа! ¡Déjalo ir!
Atrévete a ser audaz, valiente y fuerte.
Ten confianza,
En Dios pon tu esperanza.

Perdona. ¡Suéltа! ¡Déjalo ir!
Es hora de vivir y es hora de crecer.
Te mereces ser feliz, deja tu espíritu ser libre.

Ser libre del dolor, la culpa y la vergüenza.
Tener la libertad de ser tú y vivir de nuevo.
Tener la libertad de
Perdonar. ¡Soltar! ¡Dejar ir!

Pensamiento:

Tu disposición a perdonar en cualquier circunstancia te llevará más allá del dolor y permitirá que llegue la sanación. Con el perdón puro viene un cambio de actitud y se

... y llegar a la cima

crea automáticamente una atmósfera positiva.

La recuperación requiere:

Un cambio de mentalidad

Si cambias la forma de pensar, puedes recuperarte de cualquier pensamiento, palabra, obra o hábito negativo.

. . . y llegar a la cima

Felicidad pura

A veces la adversidad viene a causa de la complacencia propia, ya que nos gusta la forma en que una sustancia nos hace sentir. Podría ser medicamentos recetados, alcohol o una combinación de ambos. Medicina recetada puede ocultar el dolor tanto físico como emocional. El alcohol es por elección, pero a la vez puede ser adictivo.

Tanto los medicamentos recetados como el alcohol pueden llevar el cerebro de un estado productivo a un estado no-productivo causando que tu juicio sea afectado. Mientras que alteran tu capacidad de razonar, cantidades excesivas pueden alterar tu estilo de vida, haciendo que te conviertas en co-dependiente.

La vida es mucho más agradable, sin preocupaciones cuando te das cuenta de lo feliz que puedes estar sin ellos. De hecho, tú puedes ser feliz y productivo a la vez. Puedes permanecer en ese estado de felicidad al cuidar de lo que entra tu mente.

Cómo superar cada obstáculo

Ocho pasos a seguir:

Cuando experimentes una obstrucción en tu camino o la adversidad por el impacto de una palabra o un hecho negativo en el cual eres el centro de atención, sigue estos **ocho (8) principios:**

<u>Tú debes</u>:

1. **Echar fuera todo pensamiento negativo.**

   Reemplaza cada deseo o pensamiento negativo dirigido hacía ti por una afirmación positiva que crees de ti mismo. Di en voz alta cada declaración positiva asociada a tu creencia.

   Si tienes que reconocer el efecto que tuvo en ti o cómo te hizo sentir, hazlo rápidamente y sigue adelante. Y recuerda que esto también pasará.

   a. Piensa en cosas agradables.

   Muchas veces ayuda hacer algo agradable como escuchar tu música favorita, leer un buen libro o ver una película divertida, asistir a un concierto, ver una buena comedia o tener un agradable paseo. La participación en cualquiera de estas actividades enumeradas pueden ayudarte a cambiar o redirigir tus pensamientos, pero la lectura de un capítulo o versículo de la Palabra de Dios alentará tu espíritu.

Frecuentemente las personas en climas fríos se quejan del clima de invierno, sobre todo, la nieve y temperaturas muy frías que duran un total de 3 o 4 meses como máximo en la mayoría de los climas cambiantes. Si ellos se concentraran en un nuevo pasatiempo, desarrollaran sus lados creativos, pasaran algún tiempo sirviendo a los demás, ayudaran a personas mayores, si fueran voluntarios para los jóvenes, etc., la temporada de invierno pasaría más rápidamente.

¿Alguna vez has observado un árbol estacional en el invierno? Un árbol de temporada es aquel que cambia con las estaciones. Estos árboles, como los osos, están en estado latente durante el invierno.

Sin embargo, los árboles de temporada están muy vivos durante los meses de invierno a pesar de su llamativa apariencia de falta de vida. De hecho, están llenos de vida y prosperan abundantemente en el interior.

Al igual que el árbol vive a través de los meses de invierno, se puede pensar en palabras y hechos negativos como la temporada de invierno. A medida que avanzas a través de los elementos del invierno de la adversidad, una gran oposición y los muchos obstáculos u obstrucciones de la vida, se hace necesario visualizar la próxima primavera.

b. Mira más allá de la actual serie de circunstancias.

En otras palabras, tienes que mirar más allá del invierno para llegar a las

...y llegar a la cima

placeres de la primavera (lluvia fresca y flores hermosas) y prepararse para el verano el cual trae picnics en el hermoso césped verde y hermosos paisajes, etc.

Para hacer esto, debes aprender a sonreír desde adentro hacia afuera. Al practicar sonriendo en el interior, se reflejará en tu apariencia externa.

¿Alguna vez has pensado en la persona que está en coma que no puede sentir nada en absoluto? ¿Y qué del hombre o la mujer que no puede hablar, que no es capaz de verbalizar ni expresar lo que él o ella siente?

Ya que de todos modos no puedes hacer absolutamente nada con las estaciones, ¿por qué quejarse? Enfócate en la siguiente temporada; piensa en la primavera o en las flores de mayo.

Ponte en contacto con la naturaleza, sólo un poco de contacto hará una gran diferencia. Al mirar hacia la próxima temporada, verás que el cambio es constante y consistente.

c. Va a suceder de todos modos

¿Alguna vez has notado que independientemente de lo que predice el hombre acerca del tiempo o si la marmota ve su sombra o no, que los árboles todavía broten a principios de marzo, los días continúan siendo más largos y el sol parece un poco más brillante cada día?

Así que la próxima vez que sientas la necesidad de quejarte del tiempo, reconoce las condiciones, pero ten en cuenta los aspectos positivos. Podrías decir: "Hace frío, pero la primavera está llegando. Teníamos siete (7) pulgadas de nieve ayer, pero estoy esperando las flores de mayo."

Cuando estás más agradecido por todas las cosas buenas que han ocurrido en tu vida, encuentras menos tiempo para las quejas. Es bueno reconocer el dolor y la decepción, pero también es bueno reconocer las cosas buenas que suceden en tu vida.

Cuando eres más agradecido, incluso en las cosas pequeñas, puedes disfrutar mejor de los resultados.

Cómo superar cada obstáculo

2. **Suelta el veneno**. Y suéltalo rápido.

Todo veneno es tóxico. Los residuos tóxicos deben ser eliminados o destruidos con cuidado. Al igual que en la destrucción de los residuos tóxicos, debe haber una liberación de ese veneno que viene a través de las palabras negativas.

Cuando no soltamos los sentimientos de ira y de dolor, pueden dañarnos mental, física y emocionalmente, y con el tiempo puede conducir a un mayor daño interno. Para evitar daños en el interior, estos sentimientos pueden ser liberados con una comunicación abierta al hablar con un consejero, un miembro de la familia o un amigo cercano.

Debes avanzar más allá del dolor. Debes continuar avanzando más allá de la decepción y las cosas que las personas pudieron haber dicho de ti. Solo sigue avanzando hasta que hayas sido sanado completamente.

. . . y llegar a la cima

Cuanto más rápido sueltes el dolor de una experiencia difícil, más corto será el proceso de cicatrización y menor será el daño a tus emociones. Cuando estás frente a la adversidad, puedes aumentar tu nivel de resistencia al tomar la decisión de ir más allá del dolor.

Tal vez ha habido un tiempo en tu lugar de trabajo cuando tu supervisor tuvo un mal día y te habló en forma no cortés sin ninguna razón aparente. Naturalmente, algunos sentimientos de ira pueden surgir, pero no hay tiempo para estar molesto porque todavía tienes que trabajar y hay muchas cosas que hacer.

La decisión de tragarte el orgullo, ser la persona más grande, y mantener una actitud positiva puede trabajar en tu favor. Cuando estás tratando de ser el mejor, no hay absolutamente nada de tiempo para ponerse de mal humor, no hay tiempo para estar enojado. Además, las grandes mentes no hacen excusas, no tiran la toalla.

Cómo superar cada obstáculo

Las grandes mentes mantienen vivos los sueños.

La lección para aprender aquí es que no importa si una persona está pasando por un mal día. Es importante que no permitas que una persona influya en tu ritmo del día de una manera negativa.

Hemos de tener una buena actitud y mantener un estado de ánimo positivo en todo momento. Aun cuando se es desafiado por todos lados y la espalda esté contra la pared, se debe prever liberarse del enredo y centrarse en el panorama general.

Con la actitud correcta, no hay montaña demasiado alta ni valle demasiado bajo ni un sueño demasiado lejos para alcanzar. Si estiras tu fe y te centras en todos los aspectos positivos, podrás alcanzar cualquier meta.

. . . y llegar a la cima

Adquiere Su sabiduría antes de comenzar algo nuevo. Confía en Él. Él cuidará de ti. Dios nunca falla.

3. **Toma un momento para reflexionar.**

Entiende que es bueno tener momentos de reflexión para evaluarte y examinarte y saber cómo llegaste a convertirte en la persona maravillosa que eres.

<u>Inmediatamen</u>te me vuelvo más agradecida por mis padres por enseñarme con su ejemplo a tener integridad y respetar a los demás. Agradezco quien soy y la persona en que me he convertido.

¿Cuáles son los factores que contribuyeron a que te hayas convertido en la gran persona que eres? ¿Quién dijo esas palabras que cambiaron tu vida en el momento que más lo necesitabas?

¿Quién te dio la mano cuando sentías que estabas cayendo en una pendiente hacia abajo? ¿Quién te sonrió cuando tu mundo giraba alrededor? ¿Quién te tomó cuando estabas cayendo al suelo?

. . . y llegar a la cima

¿Quién te liberó y te animó con palabras de exhortación? ¿Quién te ayudó cuando pasabas por un mal momento? ¿Quién te cuidó y te acompañó cuando no podías ver más allá de la frustración?

Tal vez hay una persona que ha hecho una diferencia en tu vida, una persona que ha sido un modelo a seguir, alguien que dijo las palabras, "Creo en ti.", y afirmó: "Puedes hacerlo." En el momento en que más lo necesitabas.

Sí, hay una razón por la cual estás aquí, sanado y curado, con mínimos reflejos de cicatrices. Por eso debes estar agradecido. Tienes mucho que agradecer. Debes estar feliz cuando reflexionas en la maravillosa vida que has tenido.

Reflexiona y sé agradecido.
Reflexiona y mira hacia el futuro.
Sigue adelante, y sigue dando las gracias.

Cómo superar cada obstáculo

4. **Busca la paz. Encuentra la paz.**

Cuando llegue la adversidad, lo mejor que puedes hacer es mantener la calma. Para hacer frente a la adversidad sin estrés, requerirás poner toda tu confianza en un Dios de amor.

Dios es más grande que tu problema y Él promete paz en medio de la tormenta. Confía en Él para solucionarlo.

<u>La paz es increíble</u>. Cuando encuentres la paz, abrázala. No dejes que nada se interponga entre tú y esa maravillosa sensación de paz. Este es el lugar donde perteneces. Aquí es donde debes permanecer con el fin de lograr los deseos de tu corazón, sueños y aspiraciones.

Aprende a amarte a ti mismo. Una forma de amor a si mismo es a través de la afirmación positiva. Date una sonrisa cada día. Medita en buenos pensamientos. Piensa en todas las cosas buenas que continuamente han sucedido en tu vida. Reflexiona sobre tus logros y todas las cosas que has alcanzado en la vida.

Creatividad y pensamientos comenzarán a estallar en el interior, y en tu condición más tranquila es el lugar donde tu creatividad cobrará vida. Habrá un aire de esperanza y emoción a medida que permitas que las ideas creativas fluyan.

Piensa en esas cosas que te hacen feliz. Imagínate rodeado de esas cosas cotidianas. Concéntrate en tus metas y el propósito de cumplir esos sueños que tienes. A medida que realices esas metas, los dones y talentos que están ocultos comenzarán a surgir.

Encontrarás que la paz es increíble.

5. Simplifica tu vida.

¿Sigues trabajando en esa sensación de paz que acabamos de hablar? ¿Qué te impide tener una vida tranquila? ¿Tienes un bloqueador de paz?

¿Es tu vida libre de desorden? ¿Tienes cosas guardadas que no necesitas y que nunca vas a usar? ¿O hay personas en tu vida que no deberían estar? El desorden puede provocar un estado de conmoción.

Si estás experimentando un conflicto o estás siendo acosado en Facebook® o Twitter®, encuentra un nuevo pasatiempo. Cierra las cuentas y haz nuevos amigos. Ámate a ti mismo, muestra amor y bondad a aquellos que conoces.

El desorden agota tu energía, impide el progreso y te evita tener claros pensamientos para alcanzar tus sueños. Elimina el desorden en tu vida ya sea física (personas y todas las cosas innecesarias), espiritual, mental o emocional.

. . . y llegar a la cima

Vacía la cabeza de los temores pasados y decepciones, así harás espacio para el pensamiento creativo y las ideas innovadoras. Sé más selectivo en cada área de tu vida, especialmente tus amigos, pensamientos, acciones y hobbies. Ejerce la disciplina. Simplifica tu vida.

¿Podemos abordar el tema del "comprador compulsivo" por un momento? Si eres un adicto a las compras, tienes que aprender a desechar las cosas viejas para evitar convertirte en un acumulador.

Eres un acumulador si nos fijamos en el armario y encontramos que los zapatos son tan viejos que están tan doblados - aún peor - si no te sirven más porque la tela se ha descompuesto. (jajaja) ¡Deshazte de ellos!

El desorden es una vena fea en tu vida. Deshazte de él. Si realmente quieres simplificar tu vida, tira por lo

Cómo superar cada obstáculo

menos uno o dos artículos de cada nuevo artículo comprado. ¿Puedes dejar de comprar las cosas que no necesitas hasta que hayas desechado todo lo que no estás usando?

Te ayudaría saber que hasta me hice a la idea de limpiar todas las habitaciones, todos los armarios, el área de almacenamiento y el sótano, el desorden se estaba convirtiendo en un obstáculo para mí. El verdadero avance fue el comienzo.

Siempre sentí que 1) no podría hacerlo porque estaba apegada a esas cosas; 2) no sabía por dónde empezar ya que la limpieza no era mi punto fuerte, pensé que tenía que ser una persona organizada para empezar; 3) yo simplemente tenía miedo al desafío.

Bueno, estoy muy contenta de haberlo hecho porque he estado tirando, limpiando, organizando y donando desde entonces, y no puedo parar. Es a la vez gratificante y estimulante. Y la casa se ve y se siente mucho mejor.

Para el acumulador pasivo que añade continuamente cosas en el maletero del automóvil y el asiento trasero mes tras mes y se compromete a solucionar el problema tan pronto como sea posible: "Hhmmm. ¿Qué estás esperando?"

He visto casos tan extremos de acumuladores que en un auto de 5 pasajeros sólo caben ellos. Tal vez hoy sería un buen día para comenzar. No más excusas. Vamos a empezar.

Tómate el tiempo para establecer algunas metas. Entonces después, ten un plan de cómo vas a llevar a cabo tus objetivos. Establece plazos realistas.

Sugerencia: El trabajo puede ser divertido cuando hay un poco de competencia. Encuentra a alguien en el cual tengas las mismas cosas en común y ve quién puede terminar primero. Hagan algo para él que gane.

Cómo superar cada obstáculo

6. Escucha la música.

¿Estás escuchando la música de la vida? ¿Alguna vez has notado los diseños en las telas estampadas? A veces son formas geométricas y a veces abstractas. La única cosa que tienen en común es que sus patrones se repiten una y otra vez.

Al igual que en el hermoso tapiz, los patrones se repiten. Así también son los patrones y ritmos hermosos de la vida. La historia, como la tela estampada, se repite. De un año a otro, de una década a otra, vuelven a repetirse. Se puede ver en la naturaleza, en las familias, la cultura, las tendencias de la moda y la política.

Si has perdido tu trabajo, sólo sé que hay uno mejor que viene. No dejes de buscar. Si fuiste engañado en un negocio, aprende de tus errores. No te rindas. Sé prudente la próxima vez. Perdona.

Sintoniza el ritmo de la vida. Que sea música para tus oídos. Si sintonizas y

... y llegar a la cima

observas con cuidado, puedes ser capaz de evitar algunos errores comunes, aprendiendo de los errores que otros han hecho.

Es mucho mejor aprender de los errores de alguien más que experimentar el problema en ti mismo.

Cómo superar cada obstáculo

7. Rodéate de las personas adecuadas.

Estas son las personas que te aman y te aceptan por lo que eres. Ellos siempre te permiten ser fiel a ti mismo, te dejan ser tu mismo todos los días de la semana.

¿Es difícil encontrar gente así? Puede tomar un tiempo, pero están ahí. Confía en mí, si bien vale la pena la espera, hasta que se encuentren el uno al otro.

No hay mayor apoyo en la tierra que las personas que se apoyan, se animan, se levantan y se motivan. Realmente nos necesitamos los unos a los otros.

A veces, una mano extendida de ánimo puede hacer toda la diferencia en el mundo. Desinteresadamente nosotros debemos hacer lo mismo por los demás, hacer buenas acciones para los demás. Y cuanto más lo hagas, más feliz serás.

. . . y llegar a la cima

El mundo puede ser un lugar mucho mejor si todos trabajamos juntos para que así sea. Juntos, vamos a elevar la altura de nuestras mentes, y elevar nuestro nivel de pensamiento. Esto se reflejará positivamente en nuestra actitud hacia los demás.

Cómo superar cada obstáculo

8. Haz pequeños ajustes a diario.

Puedes superar cualquier palabra negativa, pensamiento, obra o acción y llegar a la cima cuando se aprende a sonreír desde adentro hacia afuera. Al practicar sonriendo en el interior, se reflejará en tu apariencia externa.

He enumerado 26 puntos menores para ayudarte a desarrollar tu sonrisa en el interior. Estos puntos, si se practican a diario, harán una diferencia positiva en tu vida.

Ellos son:
a. Ten expectativa de que cada día será un gran día.
b. Sonríe, de adentro hacia afuera. Hazlo todos los días.
c. Ríe a menudo. Hazlo diariamente.

d. Sé agradecido por las cosas pequeñas.
e. Sé amable contigo mismo.
f. Ora siempre. Perdona a los demás en el mismo instante.
g. Nunca vayas a la cama enojado.

... y llegar a la cima

h. Muestra bondad a los demás. Haz algo agradable porque sí.
i. Camina en el amor.
j. Disfruta de las cosas simples de la vida.
k. Lee y medita en la Palabra de Dios todos los días.
l. Actualiza tus pensamientos constantemente.
m. Mantente ocupado, niégate al tiempo de inactividad.
n. Acepta el cambio sin que comprometa tus propios valores.
o. Sé un voluntario feliz.
p. Anima a los demás.
q. Practica la disciplina como una rutina.
r. Sé un solucionador de problemas.
s. Ponte de pie.
t. Deja que Dios sepa lo especial que Él es. Dale alabanzas.
u. Haz una diferencia en el mundo.
v. Mejórate a ti mismo. Haz menos crítica a los demás.
w. Encuentra diez cosas que agradecer todos los días.
x. Mantén una canción en tu corazón.

Cómo superar cada obstáculo

y. Déjate inspirar. Persigue tus sueños.
z. Sé feliz, sé tu mismo.

La práctica de cualquier combinación de estos puntos menores al día dará lugar a una vida feliz y productiva. Mientras más feliz más saludable serás, un buen remedio es un corazón alegre. La felicidad incluso se reflejará en tu sonrisa.

. . . y llegar a la cima

Cómo superar cada obstáculo

¿Cómo puedo llegar a la cima?

Desde el título, "Cómo superar todos los obstáculos... y llegar a la cima", puedes preguntar —¿Cómo lo hago...llegar a la cima?— Da el problema a Dios y piensa en las cosas que son admirables y digno de reconocimiento. Cuando confías en Él, Él puede llenarte de Su paz.

A veces puede que tengas que pasar por un valle antes de poder apreciar la paz que sólo Dios puede dar. Su paz te puede llevar a la cima de la montaña y puede mantenerte ahí.

Busca y encuentra la paz de la mente y el espíritu. Que la paz de Dios te sostenga. **Su paz en la cima de la montaña es todo lo que necesitas.**

Al experimentar la paz regularmente, encontrarás que tienes más tiempo para simplemente disfrutar de la vida, concentrarte en tus metas y ver el manifiesto de los sueños. Las cosas en las que has trabajado tan duro para

... y llegar a la cima

lograrlo empezarán a desarrollarse y convertirse en una realidad.

"No hay soñador que sea demasiado pequeño ni ningún sueño que sea demasiado grande." Anónimo

Cómo superar cada obstáculo

Un pensamiento para recordar:

"Siempre se trata de la actitud"

No dejes que las tormentas de la vida te abruman.
Nunca dejes que los obstáculos se interpongan en tu camino.
Si continúas levantándote por encima de las circunstancias,
Puedes aprovechar los cambios positivos de cada nuevo día.

. . . y llegar a la cima

Cómo superar cada obstáculo

"También puedes superar"

Hubo un tiempo cuando estaba incapacitada debido a una lesión en el pie. Yo tenía un yeso durante cuatro meses. Recuerdo mucho dolor persistente por un período prolongado de tiempo.

Por desgracia, tuve complicaciones. Experimenté más dolor cuando se retiró el yeso, y tenía dificultades para maniobrar desde el punto "A" al punto "B" Además de eso, recibí un informe negativo de varios médicos acerca de una condición subyacente que afectaba el proceso de curación. Dijeron que no había nada más que pudieran hacer por mí.

Podría haber optado por no caminar por el dolor o elegir los calmantes para aliviar el dolor que sentía. Pero elegí ir más allá del dolor. Me negaba a darme por vencido. Le pedí a Dios que me cure y lo hizo. Yo camino hoy sin ayuda y sin dolor.

"Sáname, oh Señor, y seré sano. . . "Jeremías 17:14"

. . . y llegar a la cima

La aplicación de la Palabra de Dios para tu situación produce resultados. Solamente di la palabra y cree.

Puedes superar **la pérdida del trabajo** si:

- Actualiza tu currículum.
- Busca en el mercado de trabajo nuevas oportunidades.
- Prepárate para la entrevista.
- Sé flexible.
- Piensa y mantén una actitud positiva.
- Cree en ti mismo.
- Conoce tus fortalezas y debilidades.
- Conoce que hay un trabajo para ti.
- Considera la creación de uno. Sé tu propio jefe.

Si estás enfrentando **dificultades financieras:**

- Busca consejos sabios.
- Reduce tus gastos.
- Haz un presupuesto y mantente fiel a él.

Cómo superar cada obstáculo

- Encuentra organizaciones que trabajen contigo para solucionar el problema de la deuda.
- Comienza a ahorrar una cantidad de dinero mensualmente.
- Sé disciplinado, no desperdicies.

Nota especial para los que experimentan dificultades financieras:

Muchas personas se han visto afectadas por la actual "crisis económica". Algunos lo están utilizando como excusas para los problemas de dinero cuando la crisis financiera podría haber sido auto-impuesta.

¿Es justo culpar a la economía de todo lo que ha salido mal en el mundo financiero cuando sus problemas financieros pueden ser de una mala decisión que hizo meses, incluso años atrás?

A veces una decisión equivocada puede convertir tu vida al revés. Y a veces el período de recuperación de esa decisión equivocada puede llevar años. Aprende a seguir adelante, aprende a ahorrar y gastar menos.

. . . y llegar a la cima

Por **enfermedad** o emergencia médica:

- Ten fe en Dios, se constante en la oración.
- Descansa a menudo.
- Apóyense unos a otros, haz trabajo en equipo.
- Mantente cerca a la familia.

Si has experimentado la **pérdida de un ser querido:**

- Apóyate, confía y depende de Dios.
- Deja que Su consuelo te sostenga.
- Toma tiempo para reorganizarte o irte de vacaciones.
- No pases mucho tiempo a solas.
- El apoyo familiar es crucial.

Para **reparar relaciones rotas:**

- Perdona. Sé el primero en pedir disculpas.
- Sé honesto. Admite tus faltas.
- Reconoce cuando irte y no mires atrás. (consejería sugerida)
- Crece y aprende de tu experiencia.

Cómo superar cada obstáculo

Puedes **conquistar al agresor** si:

- No le hagas caso a él/ella (si es posible).
- Mantén tu distancia.
- Sustituye el miedo por la fe.
- Viaja en grupo, no solo.
- Busca consejos sabios.
- Mantén la cabeza en alto…y entiende que todo va a estar bien.
- (Niños) Hablen con sus padres.
- (Padres) Escuchen a sus hijos.

Nota especial a la víctima del agresor:

¿Hay alguien hablando de ti, y lo que dice no es cierto? ¡No hagas caso de él! ¿No eres aceptado en su círculo de amigos? No importa. ¿No le gusta la ropa que usas? ¡Y qué!

Si alguien te ha herido, avergonzado o humillado en modo alguno, repórtalo inmediatemente. Es importante que mantengas a tus padres informados acerca de cada incidente o cada vez que seas atacado. Habla sobre el tema. Perdona a esa persona. Y sigue hablando hasta que te sientas mejor. Reemplaza el dolor de la humillación con pensamientos y acciones positivas.

Si fuiste agredido en camino a la escuela, considera compartir el coche o tomar una ruta diferente. Trata de rodearte, en lo posible, con personas que tienen sus mejores intereses en el corazón.

Tienes un propósito para estar aquí y hay que averiguar cuál es tu propósito. Tu vida tiene un significado especial para los miembros de tu familia y amigos más cercanos, ya que sólo hay uno como tú.

Se selectivo con quién y a quienes les das tu tiempo, atención y talentos. Mantén tus pensamientos elevados por encima de la charla (conversaciones frívolas) para evitar ser distraído.

Continúa eliminando las distracciones, céntrate en tus sueños y aspiraciones, y establece metas. Sigue mirando hacia arriba. No mires hacia atrás. Sigue adelante y vuela como las águilas!

Cómo superar cada obstáculo

Recuerda:

Practica los 8 pasos descritos en este libro. Cuanto más practiques cada paso, más rápido los obstáculos en tu vida disminuirán hasta desaparecer.

Tú eres un "vencedor".

No tienes que esperar a que pase la tormenta para hacer una diferencia en el mundo, porque si estás esperando el momento perfecto, que puede que no llegue nunca, trabaja a pesar de la tormenta hasta que veas el sol de nuevo.

. . . y llegar a la cima

Cómo superar cada obstáculo

Ellos Superaron Grandes Obstáculos

Los siguientes grandes hombres y mujeres superaron enormes obstáculos en sus jóvenes vidas para alcanzar logros sobresalientes, tener records, realizar descubrimientos científicos, crear, inventar y componer.

. . . y llegar a la cima

Cómo superar cada obstáculo

Lucille Ball

"Lucy", como la llamaban, se sobrepuso a un gran rechazo en su pueblo. Ella se convirtió en una de las estrellas más populares e influyentes en los Estados Unidos durante su vida. Lucy tuvo una de las carreras más largas de Hollywood, especialmente en la televisión.

Lucille Ball nació en Jamestown, Nueva York, el 6 de agosto de 1911. Su madre se convirtió en una joven viuda por la muerte del padre de Lucy justo antes de que Lucy cumpliera los 4 años, alterando su vida drásticamente.

Con su corazón puesto en convertirse en actriz a los 15 años, Lucy dejó la escuela secundaria para asistir a la Escuela Anderson de Artes Dramáticas de Nueva York. Después de completar sólo dos semanas de entrenamiento, la Sra. Ball le dijo que "no tenía ningún futuro como artista."

Pero con determinación extrema, Lucy venció la despedida de varias producciones

. . . y llegar a la cima

de Broadway, una enfermedad incapacitante y otras decepciones para convertirse en una comediante de cine, televisión, teatro y actriz de radio, modelo, productora ejecutiva y protagonista de muchas comedias, incluyendo "I Love Lucy" y más.

Muy agradecidos de que Lucille Ball nunca se diera por vencida en la actuación porque nos habríamos perdido de esta leyenda de la comedia.

Cómo superar cada obstáculo

Ludwig van Beethoven

Él superó una infancia abusiva y una sordera para convertirse en un compositor muy talentoso de la música clásica y uno de los músicos más respetados del mundo.

Ludwig van Beethoven nació en Bonn, Alemania el 16 de diciembre de 1770 y fue el primero de los tres hijos de Johann y María van Beethoven que sobrevivió a la infancia. Había otros dos hermanos de lo siete que también sobrevivieron.

Nieto de un director musical e hijo de un cantante tenor, quien también le enseñó piano y violín, Ludwig se convirtió en un niño prodigio y, finalmente, estudió con el compositor austriaco Joseph Haydn cuando era un adulto joven.

El padre de Ludwig quería ser de su hijo un niño prodigio como Mozart, pero la falta de capacidad de organización y su alcoholismo le impidió cumplir su deseo en su hijo.

Cuando era un niño bajo la tutela de su padre, quien le enseñaba a tocar, si el joven Ludwig tocaba el acorde equivocado o la

. . . y llegar a la cima

tecla equivocada, esto podría hacer que su padre lo golpeara, lo maltratara en incluso encerrarlo en el sótano.

El joven Beethoven dio su primer concierto de piano público a los siete y publicó su primera obra a los doce años.

En 1796, Beethoven estaba en la cúspide de su carrera musical cuando comenzó a perder la vista. La pérdida de audición fue el resultado de una forma grave de tinnitus. Y en 1809, Beethoven decidió componer música porque ya no podía oírse a sí mismo tocar. Continuó componiendo hasta su muerte casi 40 años después. Algunas de la música más bella de sus composiciones se siguen tocando en la actualidad.

Algunas de sus más bellas sinfonías compuestas, sinfonía #3-8, fueron compuestas después de su deficiencia auditiva severa. Una de las grandes piezas clásicas que Beethoven compuso fue su "Quinta Sinfonía".

Beethoven creía que la música era algo más que un mero entretenimiento, sino que también tenía un valor moral y humanista, y que la música nos ayudaría a emerger.

Christy Brown

Autor irlandés, pintor y poeta, Christy Brown, aprendió a pintar y escribir con el único músculo que podía controlar, su pie izquierdo. Nació el 5 de junio de 1932, en Crumlin, Dublin, Irlanda. Christy, fue uno de los 13 niños sobrevivientes (de 21), nacido a Bridget y Paddy Brown. Fue diagnosticado con parálisis cerebral severa al nacer.

La parálisis cerebral le impidió el control a Christy sobre el habla y el movimiento físico. Su madre siempre le animó a superar su trastorno al hablar con él. A los cinco años, el joven Christy ganó un considerable control sobre su pie izquierdo inspirado por su madre que le enseñaba el alfabeto. Él aprendió a deletrear, y finalmente, a leer.

Christy Brown venció su parálisis a ser famoso en todo el mundo por su habilidad artística. Él es el más famoso por su autobiografía: "Mi pie izquierdo."

. . . y llegar a la cima

Dr. George Washington Carver

A pesar de su juventud que estaba llena de pobreza, la crueldad y los prejuicios, se convirtió en un extraordinario científico, hombre de fe, humanitario y pianista respetado.

Criado por los antiguos propietarios de esclavos de su madre, Moisés y Susan Carver, George Washington Carver nació en la esclavitud el 12 de julio de 1864, en Diamond Grove, Missouri. El joven Carver fue separado de su madre durante la infancia y se mantuvo frágil durante la infancia.

Incapaz de asistir a la escuela antes de los 12 años, negándole la admisión en las universidades a causa de su raza, Carver continuó con la educación y se destacó en los campos de la ciencia y el arte.

Carver fue el primer Negro para servir en la facultad de Iowa Agricultural College en 1894. Recibió su Maestría en 1896 y aceptó la invitación a servir como Director de Agricultura en el Instituto

Cómo superar cada obstáculo

Tuskegee. Fue allí donde comenzó a elevarse en el campo de la ciencia.

Al aceptar un puesto en Tuskegee, se dio cuenta de que había encontrado su propósito en la vida: su deseo de ayudar a la población ex esclava para ser eficientes en la agricultura se convirtió en su pasión. Él encontró la felicidad y el honor de ser útil al mundo. Mientras que en Tuskegee, el Dr. Carver alentó a los agricultores para rotar sus cultivos con el fin de preservar los nutrientes en el suelo.

En colaboración con Henry Ford, desarrolló combustible alternativo a partir de soya y perfeccionó el proceso de extracción de goma de leche que proviene de la planta que se llama Vara de Oro. Se quedó comprometido y una vez recaudó dinero para el Instituto Tuskegee por medio de su gira como pianista.

Estaba tan dedicado a su trabajo allí que rechazó una posición de $100,000.00 al año de Thomas Edison.

. . . y llegar a la cima

Durante su permanencia en Tuskegee, el Dr. Carver descubrió más de 300 productos solo de maní, incluyendo la mantequilla de maní, tinta, champú, y crema facial; 150 productos de la patata dulce y más de 75 productos de nuez.

El Dr. Carver fue invitado a hablar ante el Congreso de EE.UU. y recibió numerosas peticiones de consulta de los demás invitados.

Bessie Coleman

Negándole la oportunidad de perseguir su sueño de volar en su tierra natal, Bessie Coleman venció fuertes barreras raciales para convertirse en la primera mujer negra en el mundo de poseer una licencia de aviador y la primera mujer negra de poseer una licencia de piloto internacional.

Elizabeth "Bessie" Coleman fue la décima de trece hijos de los aparceros, George (un Cherokee) y Susan (una mujer Negra) Coleman, en Atlanta, Texas, un pueblo de unos 1,000 habitantes, conocido por su

Cómo superar cada obstáculo

fortuna en los ferrocarriles, el petróleo y la madera.

La pequeña Bessie quedó fascinada con los aviones a una edad temprana. Pero en 1901 cuando su padre decidió trasladar a la familia por segunda vez debido a las barreras raciales, su madre decidió no ir, y a los nueve años la joven Bessie fue guardián de la casa mientras su madre iba a trabajar.

Bessie era una estudiante de matemáticas excepcional. Cuando no estaba trabajando los campos de algodón o cuidando de sus cuatro hermanos menores, ella caminaba cuatro kilómetros para llegar a una escuela para negros, para aprender más matemáticas. A los doce años, Bessie completó el octavo grado y se convirtió en la mujer de más conocimiento.

Le tomo seis años para ahorrar suficiente dinero de su trabajo como lavandera para ir a la escuela. En 1910, se matriculó en la Universidad de Langston, Oklahoma pero agotó sus ahorros en un semestre.

Todavía enamorada de los aviones, la Sra. Coleman aplicó a las escuelas de vuelo en los Estados Unidos pero le negaron la entrada. Ella aprendió francés y en noviembre de 1920 navegó por el Océano Atlántico en Le Croy, Francia para lograr su sueño.

Bessie obtuvo su licencia de piloto en siete meses de la Federación Aeronáutica Internacional en 1921 y voló en su primera demostración de show aéreo el 3 de septiembre de 1922, a Glenn Curtis Field en Garden City, NY. Ella deslumbraba al público dondequiera que iba con sus acrobacias "loop-the-loop" y "barrel-roll" demostrando que ni la raza ni el género pudieron impedir que ella alcanzara y superara sus metas.

Ella entró al Salón de la Fama de Aviación de Texas en 2000. Chicago se declaró el 2 de mayo como Día de Bessie Coleman, y calles y escuelas han sido nombradas en su honor.

Cómo superar cada obstáculo

Thomas Alva Edison

Conocido como el padre de la bombilla, el fonógrafo y la imagen en movimiento, Edison había hecho más de 400 patentes a la edad de 40 años. Tal vez los mayores obstáculos que tuvo que superar fue la sordera, porque era 80% sordo del oído izquierdo y completamente sordo del oído derecho.

Nació el 11 de febrero de 1847, y se crió en Port Huron, MI, Thomas A. Edison finalmente venció ser etiquetado en la escuela por su incapacidad para concentrarse y ser parcialmente sordo, para convertirse en el inventor estadounidense más reconocido por ser creador de la bombilla, científico y hombre de negocios.

El joven Thomas fue muy curioso. Cuando era niño preguntó "por qué" a casi cualquier cosa que le decían y cuando por fin empezó la escuela a los ocho años, su naturaleza curiosa irritaba a la maestra. Fue sacado de una escuela que solo tenía un aula con 38 estudiantes y 12 semanas de clases al año. Su madre decidió que

. . . y llegar a la cima

sería mejor para Thomas ser educado en casa.

La señora Edison hizo todo lo posible para saciar su sed de conocimiento, pero la sed de Thomas para el conocimiento se mantuvo durante toda su vida. Estudió y leyó todos los libros que podría tener en sus manos y cuando solo tenía 12 años prácticamente devoró el Diccionario Mundial de la Ciencia.

A pesar de las palabras negativas de su maestro, quien dijo que era demasiado estúpido para aprender cualquier cosa, y ser despedido de sus primeros dos puestos de trabajo por ser "no productivo", Edison desarrolló muchos dispositivos que influenciaron grandemente la vida en todo el mundo.

Después de crear grandes inventos, Edison también experimentó muchos fracasos, entre ellos los muebles de concreto, las casas hechas de cemento y la muñeca que hablaba. Pero se negó a dejar de intentarlo.

Como inventor, Edison hizo más de 1.000 inventos (sin éxito) antes de inventar la

Cómo superar cada obstáculo

bombilla. Y cuando un periodista le preguntó, "¿Cómo te sentiste al fracaso de 1,000 veces?" Él respondió: "No fracasé 1,000 veces, la bombilla fue una invención con 1,000 pasos."

Thomas Edison tenía grandes inventos, con su actitud positiva y su gran sentido del humor, obtuvo su última patente – #1093 a los 83 años.

Regina Engelhardt

Regina Engelhardt fue una artista mundialmente conocida por todas las formas de arte - pinceles, pintura con óleo, escultora y cosmetóloga. Ella nació el 1 de octubre de 1928. La Sra. Engelhardt compartió este momento de la historia en sus propias palabras: "Me acuerdo de la Segunda Guerra Mundial, cuando Stalin y Hitler invadieron Polonia, como si fuera ayer.

El país estaba dividido. Nuestra familia, que vivía en la parte oriental de Polonia, cayó bajo la ocupación rusa por dos años.

. . . y llegar a la cima

Cuando los soldados entraron a nuestro territorio todas las tiendas y los bancos cerraron. Las personas se ayudaban mutuamente compartiendo lo que tenían, haciendo hermosas creaciones de la basura. Estábamos en lista para ser llevados a Siberia.

Después de que Hitler invadió Rusia, nos encontrábamos bajo la ocupación alemana. Este fue el comienzo de la revolución. Los bandidos ucranianos mataban todos los que no eran ucranianos. Y estábamos en medio de todo.

Como Hitler estaba perdiendo la guerra con Rusia, capturó gente para ser vendidos como esclavos y hacer trabajos forzados. Teníamos sólo una hora de aviso para dejar nuestras casas e ir a un refugio, sobreviviendo con un plato de sopa y un trozo de pan cada día por la escasez que había.

Estuvimos separados de nuestros padres y de la familia hasta que terminó la guerra. Juntamos todo lo que teníamos e hicimos nuestro nuevo hogar en los EE.UU. Algunos de nosotros, como resultado de las condiciones físicas y presenciar la tortura y muerte cruel de seres queridos, los llevó a mantenerse en estado de shock durante muchos años.

Con oraciones, una actitud positiva y sentido del humor superamos cada dificultad. Los desafíos que enfrentamos en la vida nos traen una mayor comprensión de nosotros mismos y nos une. Nos damos cuenta de que nos necesitamos unos a otros. Nos ayuda a crecer espiritualmente. Nos hace ser más creativos, cariñosos y compasivos".

El arte de la Señora Engelhardt se exhibe en el Museo Nacional de Mujeres de Artes, en Washington, D.C. y Althorp, Inglaterra. Ella ganó varios premios a nivel local, nacional e internacional.

Michael J. Jordan

Nació el 17 de febrero de 1963, en Brooklyn, Nueva York, y criado en Wilmington, Carolina del Norte, Michael Jordan amaba los deportes y jugó béisbol, fútbol y baloncesto competitivo.

. . . y llegar a la cima

Michael Jordan inicialmente probó para el equipo de baloncesto de la escuela, pero fue rechazado más de una vez. El entrenador de la escuela finalmente le dijo a Jordán que era demasiado pequeño para jugar al baloncesto, y trató de convencerlo para que considerara otro deporte durante su segundo año.

Decidido a demostrar su valía, Jordan se convirtió en la estrella del primer ciclo de la escuadra de Laney High, al anotar más de 40 puntos en varios juegos. El verano siguiente creció cuatro pulgadas y entrenó rigurosamente. Así nació la estrella del baloncesto.

Jordan fue reclutado por los Bulls de Chicago en 1984, antes de completar sus estudios. Él se convirtió rápidamente en el favorito de la liga, entreteniendo multitudes con sus habilidades deportivas.

Su capacidad de salto le valió el apodo de "Air Jordan" y "His Airness". Él fue nombrado como el "mejor jugador de baloncesto de todos los tiempos" por la Asociación Nacional de Baloncesto.

Cómo superar cada obstáculo

Helen Keller

Nació el 27 de junio 1880, en Tuscumbia, AL, Helen Keller era una niña brillante, interesada en todo lo que le rodeaba. Ella fue golpeada con una enfermedad que la dejó sorda, ciega y muda antes de su segundo cumpleaños. A pesar de que fue etiquetada como una niña salvaje y destructiva, mostraba fuertes signos de inteligencia.

Helen tenía poca comunicación con el resto del mundo hasta que conoció a una maestra muy especial, Anne Sullivan, a los seis años. Dentro de los 30 días de su primera clase, Helen estaba aprendiendo hasta 30 palabras por día. Helen dominaba Braille, aprendió a escribir y cómo usar una máquina de escribir a la edad de 10 años.

A los 16 años, ella podía hablar lo suficientemente bien para asistir a la escuela preparatoria y luego a la universidad. Ella recaudó fondos para organizaciones, habló en más de 25 países y llevó esperanza a muchas personas. La Sra. Keller superó muchos obstáculos en su vida y dedicó su tiempo y servicio para mejorar la vida de otros.

Dr. Benjamin E. Mays

Era el más joven de ocho hermanos, nació el 1 de agosto de 1894, en Carolina del Sur, a sólo dos décadas después de la esclavitud. Benjamín E. Mays utilizó todas las oportunidades para mejorar su calidad de vida, incluyendo la educación superior y un espíritu de excelencia.

Su destacado liderazgo y el servicio como profesor, predicador, maestro, erudito, autor y activista en el movimiento de derechos civiles, influenció las vidas de muchos, incluyendo a Andrew Young y el Dr. Martin Luther King.

Aunque asistió a la escuela sólo cuatro meses al año, Mays se graduó con honores en 1916, superando la pobreza, la discriminación racial y la protesta de su padre contra la educación.

En sus logros se incluyen los siguientes:

Cómo superar cada obstáculo

1920 - Recibió la licenciatura en Letras, Bates College, en Maine y se graduó en Phi Beta Kappa.

1922 - Se convirtió en un ministro ordenado. Pastoreó la Iglesia Bautista Shiloh de Atlanta.

1925 - Obtuvo la maestría por la Universidad de Chicago.

1926 - Fue designado como El Secretario Ejecutivo de Tampa, Florida de La Liga Urbana.

1928 - Se convirtió en Secretario Nacional de Estudiantes de la YMCA.

1934 - Aceptó la posición de decano de la facultad de religión en la Universidad de Howard.

1935 - Recibió un doctorado en Ética y Teología Cristiana.

Mays se unió a la docencia de la Universidad de Morehouse para enseñar matemáticas, psicología y educación religiosa. También, se desempeñó como entrenador de debate en 1921. A pesar de todo lo que él logró, no se le permitió votar hasta 1945, a la edad de 51 años.

Al jubilarse de Morehouse, el Dr. Mays fue elegido Presidente de la Junta de Escuelas

... y llegar a la cima

Públicas de Atlanta para dirigir la desagregación pacífica de sus escuelas. Cada martes por la mañana, el doctor Mays desafió e inspiró a sus estudiantes para lograr la excelencia en los estudios y en la vida. "El cielo es su plataforma", dijo. "Hay que llegar a la luna."

"Hay que tener en cuenta que la tragedia de la vida no consiste en no alcanzar sus objetivos, la tragedia está en no tener ninguna meta a alcanzar."

Mma Agnes Chenngwe Mazile

Mma Agnes Chenngwe Mazile fue la quinta de los seis hijos de Chiliwa y Senkgabe Mbaakanyi, nació el 19 de marzo de 1932, en Serowe. Fue una de las mejores granjeras para labrar la tierra Botsuana. Mmagae, como la llamaban cariñosamente, era una mujer de negocios prominente, líder respetada por la comunidad y agricultora apasionada. Ella y su marido, Phenyamere M. Mazile, administraron varias tiendas en Serowe durante muchos años.

Cómo superar cada obstáculo

Desde muy joven aprendió a conducir tractores y camiones pesados, por lo cuál después obtuvo la licencia para conducirlos. En este rango dominado por los hombres, se enfrentó a muchos desafíos, pero se sobrepuso a todos.

Debido a su increíble ética, Mma Mazile mantuvo un horario de trabajo de 6 a.m. a 6 p.m. a diario. Rara vez se tomó el tiempo para descansar. Ella crio ganado, incluyendo toros y rebaños de ovejas.

Ella cultivó y envasó el sorgo y el mijo bajo la marca Naswi. También cultivó frijoles y maíz, dirigió un equipo de 30 empleados, y a la muerte de su marido, ella administraba más de 100 hectares de tierra utilizándola para la agricultura.

De regreso de uno de sus viajes de promoción de frutas y verduras en Sudáfrica, se sintió fascinada por el proceso que observó en una granja lechera. Mma Mazile pensó: "Yo puedo hacer eso." Y fue tanto el éxito con los productos lácteos que su granja - Naswi Makoro Farm - se convirtió en una de las más importantes proveedores de leche, y una

. . . y llegar a la cima

de las cinco primeras en Botsuana, supliendo diariamente de productos lácteos a los minoristas, las instituciones gubernamentales como la Fuerza de Defensa de Botsuana (Paje), escuelas, hospitales y prisiones.

Naswi Makoro Farm fue utilizada como un centro de formación educativa, y también para observaciones, demostraciones y entrenamiento. Mma Mazile organizó muchas actividades del gobierno en su granja, incluyendo el Día Mundial de la Alimentación. Ella recibió el premio presidencial de servicio meritorio por su trabajo.

Mma Mazile dejó una huella indeleble en la vida de aquellos con quien se encontró diariamente, y era una torre de fortaleza para los que la conocían. En sus palabras: "Lo único que me mantiene viva es el trabajo" y "gagona kgomo ya Boroko", que significa "no se puede dormir todo el día y esperar la prosperidad."

Tuvo cuatro hijos: Un hijo granjero y mecánico, y 3 hijas con doctorados, una de ellas fue embajadora para los EE.UU.

Cómo superar cada obstáculo

Presidente Franklin Delano Roosevelt

Nació el 30 de enero de 1882, en Hyde Park, Nueva York. Franklin D. Roosevelt asistió a la Universidad de Harvard y a la Escuela de Leyes de Columbia. Su muestra de coraje y fuerza debe ser un recordatorio a todos de que una discapacidad en una área de la vida no debe limitarnos en otras.

Afectado por la poliomielitis a los 39 años, Franklin Roosevelt siguió persiguiendo la vida con pasión, vigor y valentía extrema. Fue elegido gobernador de Nueva York en 1928, siete años después de ser diagnosticado con polio.

Apenas cuatro años más tarde, Roosevelt fue elegido para el cargo de Presidente de los Estados Unidos. Fue tan popular que fue reelegido tres veces. La Ley de Seguridad Social de 1935 para los trabajadores estadounidenses, se aprobó durante su presidencia. Los jubilados siguen disfrutando de estos beneficios hoy.

La polio no detuvo a Franklin D. Roosevelt de alcanzar sus metas en la vida. En palabras pronunciadas en su discurso inaugural, dijo "La única cosa que tenemos

. . . y llegar a la cima

que temer es al miedo mismo".

Edith Spurlock Sampson

Exitosa abogada, juez, polemista y defensora de la justicia social, Edith Spurlok Sampson, fue la primera mujer que obtuvo una Maestría en Derecho de la Universidad de Loyola (1927), la primera delegada afroamericana en las Naciones Unidas, elegida como la primera juez negra en la historia de Los Estados Unidos (1962) y la primera negra en ser representante de EE.UU, ante la OTAN.

Fue una de los ocho hijos de Louis y Elizabeth Spurlock, nacida en Pittsburg, PA el 13 de octubre de 1898, Edith Spurlock dejó la escuela a los 14 años para hacer trabajo de limpieza y deshuesar pescado a tiempo completo. Sampson dijo una vez a la revista Selecciones, "Supongo que éramos pobres, pero nunca lo supe. Usábamos ropa usada y todos trabajábamos". Su familia trabajó duro, ellos poseían su propia casa, asistían a la iglesia, y obedecían la ley.

Soportando muchas dificultades

Cómo superar cada obstáculo

financieras, regresó a la escuela, se graduó de Peabody High y se abrió camino hasta la universidad. Se graduó de la Escuela de Trabajo Social de Nueva York y fue trabajadora social en Chicago de día, y una estudiante de Derecho de la escuela John Marshall en la noche.

Edith Spurlock superó muchos obstáculos para tener éxito en la vida:

1924 - Abrió una oficina de abogados en la zona sur.
1925 - Obtuvo su Doctorado Jurista.
1927 - Obtuvo una Maestría en Derecho de la Universidad de Loyola. Graduada en la Facultad de Derecho.
1927 - Aprobó el examen de Illinois.
1934 - Se juramenta ante la Suprema Corte.
1947 - Fue nombrada asistente del Estado en el Condado de Cook, Illinois.
1949 - Seleccionada para representar a los estadounidenses en la Reunión Round- the-World Town.
1950 - Delegada de EE.UU, ante las Naciones Unidas, designada por el presidente Truman.

. . . y llegar a la cima

1961 - 1962 Nombrada para servir en los EE.UU. Comisión de Ciudadanos para la OTAN.
1962 - Elegida juez asociado de la Corte Municipal de Chicago, IL.
1966 - 1978 Juez asociado de la Corte Circuito

Edith Spurlock-Sampson salió de la pobreza para convertirse en la primera abogada negra, juez y delegada de la ONU, para ejercer la abogacía ante la Corte Suprema de los EE.UU., abrió la puerta y allanó el camino para todas las mujeres.

Madame C. J. Walker

Fue la quinta de seis hijos de padres esclavos, Owen y Minerva Breedlove, Sarah fue la primera niña nacida en libertad, el 23 de diciembre de 1867, en Delta, LA. Ambos padres murieron, dejándola huérfana a los siete años. Ella y una hermana menor fueron dejadas a su suerte, aprendiendo a sobrevivir a muchas dificultades. Sarah se casó a los 14 años. Y

Cómo superar cada obstáculo

a los 18 años, dio a luz a su hija Lelia. Ella se quedó viuda a los 20.

Como muchas mujeres de su época, Sarah experimentó la pérdida de cabello. Porque la mayoría de los estadounidenses carecían de agua corriente, calefacción y electricidad, se bañaban y lavaban el pelo con poca frecuencia. Ella experimentó con remedios caseros y productos existentes en el mercado hasta que desarrolló su propio champú y perfume.

A través de la introducción de "El Sistema de Walker", que revolucionó el cuidado del cabello negro mediante el desarrollo de nuevos productos y un sistema de preparación para el pelo negro. En 1906, Madame Walker recorrió el país, promocionando sus productos, dando conferencias y capacitando a sus agentes, mientras que su hija Lelia se encargó de la venta por correo en Denver, Colorado.

Desde 1908 - 1910, dirigió una escuela de formación de belleza en Pittsburg, PA. Y en 1910, Madame CJ Walker se trasladó a su sede de la oficina de Indianapolis, IN, donde tuvo acceso a los ocho principales sistemas ferroviarios. En 1919, el Walker Manufacturing Company CJ, de Indianapolis, IN, empleó y entrenó a un equipo de ventas de más de 3,000 hombres y mujeres en todo los EE.UU., Costa Rica, Panamá, Cuba, Jamaica y Haití.

Ella se convirtió en la vecina de John D. Rockefeller, finalizando la construcción de su casa nueva en Irvington-on-Hudson, Nueva York, en agosto de 1918, y murió poco después, el 25 de mayo de 1919 a la edad de 51 años.

Madame CJ Walker superó obstáculos increíbles para convertirse en la mujer más rica de América, y fue "la primera millonaria hecha a sí misma de los Estados Unidos". Walker utilizó su prominente posición de oponerse a la discriminación racial, y su enorme riqueza para apoyar a las instituciones cívicas, educativas y sociales ayudando a los afroamericanos.

Cómo superar cada obstáculo

¿Qué tal si. . .?

¿Puedes imaginarte **qué** curso habrían tomado las vidas de estos grandes hombres y mujeres, **si** ellos hubiesen reflexionado sobre cualquiera de esas circunstancias negativas por la cual estaban pasando?

Estos grandes hombres y mujeres optaron por no tener lastima de si mismos. Ellos optaron por perseverar. Ellos no se rindieron, superaron todos los obstáculos para alcanzar la grandeza.

Aunque estos hombres y mujeres experimentaron un gran éxito en la vida, sus logros no son para ser comparados con él que hizo la mayor provisión para la humanidad, en que Dios envió a su único Hijo, Jesucristo, a sacrificar su vida por cada hombre, mujer, niño y niña para que tengan la opción de la vida eterna. Debido a la deuda que pagó a través de Su muerte, sepultura y resurrección, puedes vivir una vida de paz y de victoria sobre todos los obstáculos que puedan llegar.

. . . y llegar a la cima

Cómo superar cada obstáculo

La provisión más grande para el hombre

"JESÚS"

Nació en un pesebre y al nacer fue envuelto en pañales. Él vivió una vida muy humilde, y en su juventud eligió la carpintería como su campo de trabajo. Su nombre es Jesús.

Este hombre Jesús, está lleno de compasión, de amor y de misericordia, siempre esta preocupado por las necesidades de los demás. Mientras que estuvo en la tierra, Él sirvió a otros y demostró amor incondicional.

Jesús vino a la tierra con el único propósito de redimir al hombre de una vida de pecado y de vergüenza. Pero Él que era sin pecado tuvo que cargar nuestros pecados y aceptar nuestro dolor a través de los latigazos que recibió en la cruz, para que el mundo sea salvó por medio de su muerte y así recibir el don de la vida eterna.

Jesús sufrió un duro golpe por nosotros. Él derramó su sangre por nosotros. Él fue molido por nuestras iniquidades. Le pusieron una corona de espinas sobre su cabeza por nosotros. Él fue clavado en la cruz. Le abrieron el costado.

Él vino a traer sanidad a las naciones, a dar vida eterna a un mundo perdido y moribundo. Jesús hizo el último sacrificio para ti y para mí cuando murió en la cruz.

La vida nos ofrece muchas dificultades, pero Dios quiere sanar y reparar a los quebrantados de corazón, restaurar matrimonios y familias.

> *"Porque tanto amó Dios al mundo, que ha dado a su Hijo unigénito, para que todo aquel que crea en Él no se pierda, más tenga vida eterna". (Juan 3:16).*
>
> *"Que si confesares con tu boca al Señor Jesús, y creyeres en tu corazón que Dios le ha levantó de los muertos, serás salvo" (Romanos 10:9)*
>
> *"Si confesamos nuestros pecados, él es fiel y justo para perdonar nuestros pecados, y limpiarnos de toda maldad" (1 Juan 1:9).*

Si has estado considerando el mejor momento para aceptar a Jesús en tu corazón, ahora es el momento de recibirlo como Señor de tu vida. ¡Invita a Jesús, Hoy!

Dale también el lugar donde el desorden solía estar. Déjale reinar por completo en tu vida. Acércate a Él y experimenta la paz perfecta de Dios. Su paz te hará feliz en el interior.

El momento ideal para establecerte en Cristo es cuando todo va bien con tu cuerpo, mente y espíritu. Durante este período tú puedes estudiar y meditar en la Palabra de Dios, orar y dar gracias a medida que lo adoras y construyes tu fe sin la necesidad de un motivo o deseo.

Pasar tiempo de calidad con él te dará fuerzas, aumentará tu fe y te hará sentir una gran alegría. Con el aumento de la fe, puedes creer en Dios en las cosas que parecen imposibles para el hombre, incluso a través de las épocas más difíciles de tu vida.

Nunca debes darte por vencido. Siempre cree, mantén la esperanza y ten fe. Habla con Dios acerca de todo, porque Él realmente se preocupa por ti.

. . . y llegar a la cima

Paz interior: No hay nada como la paz interior

Con la paz interior:

-- puedes tener un carácter alegre, incluso cuando parece que no hay esperanza.
-- no te quejes de tus problemas, sino da gracias por el resultado esperado.
-- puedes ser feliz sólo siendo tú.
-- puedes recibir críticas sin resentimiento.
-- puedes conquistar la tensión e ir a dormir sin medicamentos.
-- puedes relajarte y no estar estresado.

Puedes ir a través de muchos valles en la vida, pero Dios va a mantenerte en completa paz si mantienes tu mente enfocada en él. (Isaías 26:3) Deja que Dios renueve tu mente continuamente.

"Reconócelo en todos tus caminos, y él enderezará tus veredas" (Proverbios 3:6).

"Y la paz de Dios, que sobrepasa todo entendimiento, guardará vuestros corazones y vuestros pensamientos en

Cómo superar cada obstáculo

Cristo Jesús. Por último, hermanos, todo lo que es verdadero, todo lo honesto, todo lo justo, todo lo puro, todo lo amable, todo lo que es de buen nombre, si hay virtud alguna, si algo digno de alabanza, en esto pensad" (Filipenses 4:7,8).

A veces se puede proteger a si mismo de la información negativa - noticias internacionales, noticias locales, noticias de última hora, el clima, informes especiales, la evaluación de un reparador de casas. A veces no se puede. A veces hay que apagar el ruido, dar un paso atrás, cerrar la puerta y escapar de todo. Y, a veces sólo hay que acercarse a Dios y orar, no te verás afectado por el ruido.

. . . y llegar a la cima

Escrituras para aumentar la fe en tiempos difíciles

La Palabra de Dios dice *"Si Dios está por nosotros ¿quién contra nosotros?"* (Romanos 8:31)

<u>Puedes decir:</u> "Si Dios es por mí, ¿quién contra mí?"

La Palabra de Dios dice: *"¿Hay para Dios alguna cosa difícil?"* (Génesis 18:14).

<u>Puedes confesar</u>: "Nada es demasiado difícil para Ti, oh Señor, no hay absolutamente nada demasiado grande para que lo resuelvas".

La Palabra de Dios dice: *"Todo lo puedo en Cristo que me fortalece."* (Filipenses 4:13).

<u>Puedes decir</u>: "Yo puedo hacer todas las cosas en Cristo que me fortalece".

La Palabra de Dios dice: *"Contigo desbaraté ejércitos y con mi Dios asaltaré muros"* (2 Samuel 22:30). *"Y ellos le han vencido por medio de la sangre del Cordero y de la palabra del testimonio de ellos"* (Apocalipsis 12:11).

Cómo superar cada obstáculo

<u>Puedes confesar</u>: "Yo soy un vencedor. Tengo la victoria por medio de Cristo".

Dios dice: "*Pedid, y se os dará, buscad y hallaréis, llamad y se os abrirá*" (Mateo 7:7)

"Solo pide"

Recuerda:

Comienza y termina el día con una oración de agradecimiento. Reconoce a Dios y Pídele orientación en todos tus asuntos. Confía en que Él enderezará tus veredas. Permanece en la presencia de Dios. Porque en su presencia hay plenitud de gozo.

Él te mantendrá sonriendo por dentro. Sólo una sonrisa puede cambiar tu vida.
¿Por qué no darse la primera sonrisa cada día? Luego, deja que tu sonrisa comunique bondad y calidez a los demás, a medida que continúe la sonrisa de adentro hacia afuera.

. . . y llegar a la cima

Para hacer pedidos de manuales adicionales, visite: **amazon.com**

Patrice Lee sigue escribiendo y publicando libros. Ella está disponible para hablar con empresas, grupos de jóvenes de la iglesia, en conferencias, seminarios, estudiantes de escuelas intermedias y secundarias y asociaciones de padres.

Si este libro te ha ayudado de alguna manera, por favor enviar tus comentarios a:
patrice@leep4joy.com

Cómo superar cada obstáculo

Todas las referencias bíblicas fueron tomadas de la versión Reina - Valera.

La información bibliográfica proviene de las siguientes fuentes:

Cyprus, Sheri. "Wisegeek," Sept, 2010.

http://www.answers.com/topic/edith-s-sampson-1

http://www.biography.com/people/ludwig-van-beethoven-9204862?page=2

http://www.biography.com/people/thomas-edison-9284349

www.biography.com

www.britannica.com

www.ideafinder.com/history/inventors/carver.htm

http://www.lkwdpl.org/wihohio/cole-bes.htm

http://www.mmegi.bw/index.php?sid=6&aid=33&dir=2009/September/Thursday24

www.Tuskegee.edu/about_us/legacy_of_fame/george_w_carver.

www.whitehouse.gov/about/presidents/franklindroosevelt

www.wikipedia.org/

... y llegar a la cima

Sobre la autora:

Patrice Lee fue víctima de acoso durante muchos años, pero la mayoría de los agresores se encontraban en su lugar de trabajo. Ella entiende el término "supervivencia del más apto", por lo que tenía que mantener sus músculos espirituales ejercitados y los movimientos de sus agresores bajo control todos los días. A pesar de todo lo que encontró, fue al trabajo todos los días con una sonrisa en su rostro y la voluntad de hacer lo mejor posible.

En cada uno de sus libros, el mensaje de Patrice es uno de fe, esperanza y amor para los niños y jóvenes de todo el mundo.

www.ingramcontent.com/pod-product-compliance
Lightning Source LLC
Chambersburg PA
CBHW052028290426
44112CB00014B/2424